NATIONAL GEOGRAPHIC

Peldaños

BADLANDS
DESAPARECE

CANALONES, MOR Y CHIMENEAS DE HADAS

por Robert Phalen

Para los visitantes que lo ven por primera vez, el Parque Nacional Badlands parece tan imponente como la Luna. Es una tierra yerma sin árboles con acantilados y cañones, donde los veranos son ardientes. Aún así, los visitantes experimentan una sensación de admiración y curiosidad.

Cada año, miles de visitantes llenan sus botellas de agua, se ponen gafas de sol y se dirigen al parque.

Desde el cerro llamado el Muro, Badlands parece imposible de cruzar sin un camino. Un visitante puede ver por qué los nativo-americanos llamaban a este lugar *mako sica*, que quiere decir "tierra mala". En esos días no había caminos o senderos. Los que querían cruzar esta tierra peligrosa debían encontrar su propio camino a través de ella. Los senderos modernos hicieron que caminar por aquí fuera mucho más seguro.

Las Badlands están adornadas por pastizales de pradera, donde pastan manadas de berrendos y bisontes.

Los visitantes pueden seguir uno de estos senderos a través del Muro y bajar a un cañón profundo y angosto. Otros cañones se ramifican y forman una red de caminos serpenteantes. Algunos cañones no tienen salida y otros continúan. En las partes más profundas, altos acantilados dan sombra. Cada visitante probablemente se haya preguntado cómo se pudo haber formado este lugar.

Los sedimentos como las partículas de arcilla, cieno y arena se han acumulado por decenas de millones de años. A medida que los sedimentos se fueron depositando, se formaron capas que se endurecieron y se convirtieron en roca.

Más tarde, hace 500,000 años, la **degradación** y la **erosión** comenzaron a labrar la roca y formar el paisaje que se ve en la actualidad. La degradación es la erosión de la roca y el suelo. La erosión es el movimiento de roca y suelo de un lugar a otro.

Además del escenario agreste, Badlands también contiene abundantes depósitos de **fósiles**. Proteger estos fósiles fue una de las razones por las que esta área se convirtió en monumento nacional en 1929. En 1978, Badlands se convirtió en parque nacional.

El sendero desciende a través de cañones y emerge de la roca desnuda. A la luz del sol, los excursionistas miran el paisaje con los ojos entrecerrados. Está marcado con capas horizontales de **roca sedimentaria.** Cada capa de roca tiene un color propio, así que las capas parecen lomos coloridos en una pila de libros gigantes.

Como los libros, las capas ofrecen información que un ojo entrenado puede leer. Cada capa registra una época diferente de la historia de la Tierra. Por ejemplo, cerca del fondo hay una roca oscura que se llama esquisto. Alguna vez fue el fondo lodoso de un mar poco profundo. Las capas rosadas y delgadas de roca eran suelos fértiles, y una capa de piedra arenisca anaranjada solía ser el fondo arenoso de un río. Las rocas de Badlands muestran evidencias de lagos, desiertos y volcanes de hace millones de años.

Con el tiempo, nuevas capas sedimentarias se depositaron sobre otras más viejas. La capa más alta es la más joven y la capa más baja es la más vieja. Las capas visibles más viejas en Badlands se formaron hace aproximadamente 75 millones de años.

Los pináculos son más puntiagudos que los montículos. Las bandas de diferente color son capas de roca sedimentaria.

MONTÍCULOS Y PINÁCULOS

Al caminar, los visitantes se topan con montículos y pináculos. Las sombras danzan a través de un montículo impresionante con laderas empinadas que se eleva sobre su entorno. Los montículos son el accidente geográfico más común en Badlands. ¿Cómo se formaron estas columnas con cima plana?

Un montículo en el Parque Nacional Badlands

Las rocas de Badlands varían de blandas a duras. Las rocas más blandas son menos resistentes a la degradación, por lo tanto, se erosionan más rápido. Esto se denomina **erosión diferencial**, lo que significa que las rocas duras y las rocas blandas se erosionan a un ritmo diferente.

Cuando una capa de roca más dura está rodeada por roca más blanda, la roca más blanda se erosiona mucho antes que la roca más dura. Con el tiempo, esto puede producir un montículo. Un montículo es una plataforma elevada horizontal que parece un banco gigante.

Los pináculos, que se relacionan con los montículos, apuntan hacia arriba como dedos. Los montículos se estrechan y forman pináculos cuando se erosionan en los costados.

CANALONES

Cerros tan delgados como el filo de un cuchillo se alinean contra el cielo. A veces, nubes oscuras de tormenta asoman más allá de los cerros. Minutos después se levanta un viento frío, seguido por el ruido del trueno y una ráfaga de lluvia intensa. Los excursionistas van a tierras más altas.

Es una buena oportunidad para observar los procesos que formaron Badlands. El agua de la lluvia se acumula en arroyitos que son marrones a causa del cieno. Un trozo de esquisto del tamaño de una mochila se hunde en un arroyo.

Aquí las lluvias son poco frecuentes pero intensas, y los aguaceros pueden llevarse el suelo y la roca rápidamente. Se llevan los canalones, que son canales angostos que labra el agua de lluvia.

La tormenta pasa rápidamente y los canalones se secan pronto. Cada vez que llueve, el paisaje queda alterado ligeramente.

Cualquiera que pase caminando por un montículo o pináculo también puede esperar encontrarse con chimeneas de hadas. Las chimeneas de hadas son pilares de roca más blanda que culminan en un "sombrero" de roca más dura. La punta protege de la erosión a la roca que está justo debajo, como un paraguas de piedra. Las chimeneas de hadas son un buen ejemplo de lo que puede hacer la erosión diferencial.

EN UN PARPADEO

Juntos, la degradación y la erosión eliminan aproximadamente 2.5 centímetros (1 pulgada) de roca por año en Badlands. Esto da un total de casi 5 kilómetros (3 millas)

en 500,000 años. A este ritmo, Badlands se habrá erosionado completamente en otros 500,000 años. Si hablamos de rocas, eso es un parpadeo. Los excursionistas tienen la suerte de experimentar este extraño paisaje en la plenitud de su belleza. Este paisaje se verá muy diferente dentro de medio millón de años.

Los canales verticales empinados son canalones. Algunos canalones no son más grandes que pliegues, otros son más anchos. Con el tiempo, algunos pueden convertirse en cañones.

JARDINES
ESCULPIDOS POR LA NATURALEZA

Los nativo-americanos y los exploradores franceses solían evitar Badlands porque viajar a través de esta tierra era difícil y peligroso. En la actualidad, los caminos, los mapas y los senderos bien marcados hacen que el viaje sea más fácil. Los excursionistas cansados y sedientos pueden regresar a sus vehículos con aire acondicionado con un aprecio más profundo por esta maravilla de la naturaleza.

Hay otras "tierras malas" en el mundo. Como el Parque Nacional Badlands, todas las "tierras malas" parecen lugares de otro planeta. Badlands, en Dakota del Sur, es uno de los más famosos del mundo. Contiene algunas de las rocas más extrañas y más maravillosas que existen.

Caminar por Badlands puede ser como una búsqueda de tesoros. ¿Qué otras características del terreno pueden descubrir los visitantes aquí?

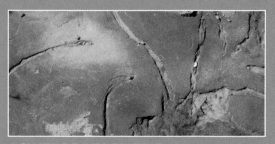

AGUJEROS DE LOMBRIZ Algunas rocas de piedra arenisca presentan agujeros del grosor de un lápiz, llamados agujeros de lombriz. La mayoría de los geólogos creen que las raíces antiguas, no las lombrices, dejaron estos agujeros.

VENTANAS El desgaste y la erosión formaron esta ventana en el Muro en el Parque Nacional Badlands.

PALOMITAS DE MAÍZ Cuando algunas rocas ricas en arcilla se humedecen, se secan y forman una superficie irregular y pegajosa llamada palomitas de maíz.

BOLAS DE LODO BLINDADAS El agua que fluye convierte un trozo de lodo en una bola. La bola de lodo rueda por un canalón y recoge arena y guijarros. Los guijarros forman una capa de "armadura" alrededor de la bola de lodo.

¡Bú! Es una chimenea de hadas. La capa superior de rocas es más resistente que las capas que tiene debajo. La roca más dura forma una "gorra". La gorra protege la roca inferior de la erosión.

Compruébalo ¿Qué hace que las rocas de Badlands tengan formas poco comunes?

UNA GIRA ROQUERA
a través del
TIEMPO

por Beth Geiger

ilustraciones de Robert Hynes

En la actualidad, Badlands es una tierra seca, polvorienta y está rodeada de una pradera calcinada por el sol; pero esto no siempre fue así. Las bandas horizontales coloridas de los acantilados son capas de **roca sedimentaria.** Las capas revelan mundos que se perdieron hace tiempo y que son muy diferentes de lo que se ve hoy en día.

Las capas contienen información sobre el pasado que los geólogos han estudiado meticulosamente. Han descubierto que este lugar alguna vez estuvo en el fondo de un océano cálido. Adelantemos la imagen un millón de años después de eso y era un bosque pantanoso exuberante. Animales extraños nadaban y buscaban alimento aquí. Las rocas de Badlands incluso revelan la dirección en la que los ríos del pasado fluían y en qué dirección chapoteaba una costa antigua. ¿Cómo pueden las rocas revelar tantas cosas?

Las rocas sedimentarias de Badlands ofrecen mucha información porque al principio eran capas blandas de sedimentos, como guijarros, arena, polvo, lodo y conchas marinas. Los tipos de sedimento de estas rocas dan claves sobre los medio ambientes que existían aquí. También se han preservado marcas de ondulaciones, dunas de arena y huesos de animales. Una vez que los sedimentos quedaron enterrados, la presión y los cambios químicos los endurecieron y formaron roca sedimentaria.

Las capas son una característica de la mayoría de las rocas sedimentarias. Capas nuevas se desarrollaron sobre las anteriores, por lo tanto, las capas más viejas están en la parte inferior y las más jóvenes están en la parte superior. Esto se llama **ley de superposición**. ¡Usemos la ley de superposición para viajar en el tiempo!

¡SIGUE A ESAS CAPAS!

Un número de medio ambientes diferentes existieron aquí durante distintas épocas. Ahora que tienes la ley de superposición en tu caja de herramientas de viajero del tiempo, estás listo para comenzar. Tu "paseo rocoso" comienza con la capa más vieja e inferior de la roca expuesta en el parque. ¡Buena suerte!

Nos hallamos 75 millones de años atrás en el tiempo, mucho antes de que los seres humanos caminaran sobre la Tierra. El Esquisto de Pierre, la capa más vieja y más baja de roca expuesta de Badlands, apenas está depositándose. El Esquisto de Pierre recibió ese nombre por el área donde los geólogos la describieron por primera vez, en Pierre, Dakota del Sur.

Nadas en un mar cálido y salado, el Mar Interior Occidental. Los dinosaurios deambulan por los pantanos y los bosques junto a las costas. Tortugas marinas, peces y reptiles dientudos llamados mosasaurios, que pueden medir más de 14 metros (46 pies) de largo, nadan en el mar. Los mosasaurios tienen mandíbulas con bisagra, bastante parecidas a las de las serpientes, así que pueden tragar grandes animales enteros. Pensándolo bien, quizá sea mejor esquivar un *Tyrannosaurio rex* en la tierra.

A medida que nadas frenéticamente hacia una costa distante, el cieno se filtra hacia abajo a través del agua del mar y se deposita en el fondo. Las almejas, los amonites y el plancton microscópico de coraza dura nadan a tu alrededor. Cuando estos organismos mueran, su cuerpo también se depositará en el fondo, donde su caparazón duro puede durar millones de años. El lodo y los pequeños caparazones algún día formarán el Esquisto de Pierre, que es principalmente esquisto con algo de piedra caliza.

El Esquisto de Pierre se formó en el Mar Interior Occidental. Se puede encontrar tan al Sur como Nuevo México.

ESQUISTO DE PIERRE ENTERRADO EN EL MAR

TIPO DE ROCA: Esquisto y algo de piedra caliza

APARIENCIA: Color negro sin brillo a gris oscuro a rojizo

SEDIMENTADO: de 69 a 75 millones de años atrás

MEDIO AMBIENTE: Mar interior cálido, poco profundo

CLAVES INCREÍBLES: Fósiles de criaturas marinas como los amonites prueban que esto fue un fondo marino alguna vez.

DATO CURIOSO: Los nativo-americanos tenían una leyenda para explicar los huesos fósiles enormes de mosasaurios. La leyenda hablaba de un monstruo marino que inundó la Tierra y luego se convirtió en piedra.

Un fósil de amonites

El actual mar Caspio es un enorme lago de agua salada. El mar cálido y poco profundo que cubría Badlands hace 75 millones de años quizá tenía un aspecto similar.

Salta hacia adelante, hasta hace 65 millones de años, más alto en las capas de roca de Badlands. Estás parado sobre una marisma realmente grande. ¿Qué ocurrió durante los últimos diez millones de años?

Las montañas Rocosas se están formando a miles de kilómetros al oeste de aquí. Esto ha hecho que la tierra entre el Mar Interior Occidental y las montañas Rocosas se inclinara hacia arriba y empujara el mar hacia atrás. Está un poco al este de aquí. El fondo del mar negro y enlodado son ahora marismas que se extienden interminablemente.

Un poco hacia el oeste, crecen bosques tupidos en una amplia llanura que se inclina hacia arriba en dirección a las montañas Rocosas. Los ríos serpentean a través de estos bosques hacia el mar.

Los dinosaurios y los mosasaurios se extinguieron. Los científicos creen que un asteroide enorme los exterminó al golpear la Tierra. Aún así, si cruzas las marismas pegajosas hasta el borde del mar y lanzas una red de pesca, probablemente atrapes algo. Abundantes peces y otras criaturas todavía prosperan allí.

A medida que los bosques crecen en las marismas, el barro se convierte en una gruesa capa de suelo. Con el tiempo, el contacto con el aire cambia el color de negro a gris a anaranjado herrumbrado brillante. Este suelo antiguo, llamado Montículos Amarillos, es un ejemplo de paleosuelo o suelo **fósil**. Es fácil imaginarlo como suelo, con sus abundantes agujeros de raíces. Los Montículos Amarillos parecen colinas redondeadas entre anaranjadas y amarillas en Badlands.

MONTÍCULOS AMARILLOS: MÁS ANTIGUOS QUE LA TIERRA

TIPO DE ROCA: Paleosuelo (suelo fósil)

APARIENCIA: Anaranjado a amarillo; forma montículos o cuestas

SEDIMENTADO: Aproximadamente 65 millones de años atrás, justo después de que se extinguieran los dinosaurios

MEDIO AMBIENTE: Marismas y bosques

CLAVES INCREÍBLES: Agujeros de raíces de árboles llenos de arcilla muestran que en este suelo crecieron grandes árboles.

DATO CURIOSO: Los Montículos Amarillos quizá nacieron con una explosión. Una capa revuelta y arrugada llamada zona de alteración se extiende entre el Esquisto de Pierre y los Montículos Amarillos. Puede ser el resultado del impacto de un asteroide hace aproximadamente 65 millones de años.

Vista de los Montículos Amarillos

Una marisma en Alaska queda expuesta durante la marea baja. Antes de que Badlands fuera una "tierra mala", era una marisma.

HACE 37 MILLONES DE AÑOS
Bosques e inundaciones

Han pasado veintiséis millones de años. Lo que quedaba del Mar Interior Occidental desapareció hace aproximadamente 15 millones de años. Los ríos fluyen a través de una llanura donde solía estar el mar. Bosques tropicales cubren la llanura, y el aire es cálido y brumoso.

Los caimanes prosperan en estos bosques pantanosos, al igual que muchos mamíferos nuevos. Algunos parecen conocidos, pero muchos se extinguirán mucho antes de la actualidad. Las primeras ardillas corretean por ahí, junto con tuzas, pecaríes (mamíferos parecidos a los cerdos) y dientes de sable. Todos ellos parecen pequeños en comparación con el *Titanotherium*, un mamífero cornudo que parece una cruza entre un elefante y un rinoceronte.

Por ahora el clima sigue siendo caluroso y húmedo, pero la tierra se está elevando lentamente. Esto hace que el clima se vuelva más seco y frío. Pastizales abiertos han comenzado a salpicar los bosques.

De a una por vez, los ríos erosionan lentamente las Colinas Negras del oeste. Esparcen las partículas de guijarros, arena y cieno a través de la llanura aluvial boscosa. A veces, los ríos inundan y cubren todo con una capa de cieno fino. A medida que los ríos desembocan en lagos, sedimentos de diferente tamaño se depositan en el fondo. Con el tiempo forman capas de aglomerado, un tipo de roca sedimentaria con trocitos de sedimentos grandes. Los geólogos llaman a las capas que se depositan durante esta época Formación de Chadron.

REVOLTIJO DE CHADRON

TIPO DE ROCA: Piedra de arcilla, aglomerado, piedra arenisca

APARIENCIA: Gris a verde pálido; se erosiona y forma colinas redondeadas

SEDIMENTADO: de 34 a 37 millones de años atrás

MEDIO AMBIENTE: Ríos, bosques y lagos poco profundos en una llanura amplia

CLAVES INCREÍBLES: La Formación de Chadron tiene sedimentos de las Colinas Negras que están al oeste. Es una clave de que los ríos fluían generalmente hacia el este.

DATO CURIOSO: Se han encontrado tantos fósiles de *Titanotherium* en Chadron, que la formación originalmente se llamó "Yacimientos de *Titanotherium*".

Aglomerado

Badlands fue alguna vez una llanura aluvial. Pudo haber tenido un aspecto parecido al de esta llanura aluvial en Japón.

●Qué gran diferencia se produjo en cuatro millones de años! Es mucho más soleado, pero más frío. Árboles que pueden soportar un clima más helado y seco reemplazaron al bosque tropical.

Aquí los caimanes se extinguieron, pero algunos animales, como el *Hyaenodon*, sobrevivieron desde tu última visita. Estos depredadores parecidos a los lobos se alimentan de las manadas de oreodontes, que son herbívoros que parecen una cruza entre un cerdo y un camello. Los oreodontes pastan hojas y brotes, porque la hierba todavía no se ha desarrollado. Las tortugas disfrutan de los estanques y los ríos.

Si saltas otro millón de años hacia adelante, verás que muchos ríos se secaron, excepto durante inundaciones ocasionales.

Los animales beben en abrevaderos termales. Esto se parece algo a la moderna sabana africana. En unos 32 millones de años, los científicos encontrarán una fantástica diversidad de fósiles en la Formación de Brule.

La Formación de Brule es un vistazo capa a capa de un medio ambiente cambiante. Las condiciones cambiaron tan drásticamente durante este último período de un millón de años, que los científicos dividen la formación en dos partes distintas. Las capas más viejas se depositaron en una llanura aluvial acuosa. Las capas más jóvenes de la Formación de Brule muestran que hubo un cambio rápido a un medio ambiente mucho más seco.

BRULE: BATALLA DE BANDAS

TIPO DE ROCA: Paleosuelos, piedra arenisca, piedra de arcilla

APARIENCIA: son las piedras más coloridas en Badlands, con bandas de roca roja herrumbrada, blanca grisácea, rosada y verdosa

SEDIMENTADO: de 30 a 34 millones de años atrás

MEDIO AMBIENTE: Sabana árida abierta y bosques dispersos

Paleosuelo expuesto

CLAVES INCREÍBLES: Los investigadores trazaron el curso de los antiguos ríos. ¿Cómo? Hicieron mapas de las bandas angostas de piedra arenisca en Brule. La piedra arenisca se formó donde los ríos fluían.

DATO CURIOSO: La famosa Excavación del Gran Cerdo dio a los científicos una ventana a la vida en un abrevadero. Se descubrieron más de 8,000 fósiles en una capa de la Formación de Brule.

La hierba todavía no había aparecido hace 33 millones de años, pero la escena puede haber tenido un aspecto similar a la sabana africana actual.

•Kabum! La ceniza volcánica cae del cielo. Erupciones enormes ocurren en lo que ahora es Wyoming y Nebraska. Las erupciones son tan explosivas que la ceniza llega hasta aquí desde más de 1,600 kilómetros (994 millas) de distancia.

Estas erupciones volcánicas continúan intermitentemente durante millones de años, dejando caer capas de ceniza por la región como una manta gris gruesa.

La región es tan seca como un desierto. Divisas una criatura parecida a un conejo llamada *Paleolagus* que corretea en lugar de saltar. Y un castor que ama el desierto, *Paleocastor*, asoma la cabeza fuera de una madriguera para echar un vistazo.

No puedes quedarte aquí mucho tiempo y tampoco querrías hacerlo. La ceniza volcánica contiene pequeños fragmentos de vidrio y roca. La ceniza se apilará 15 metros (49 pies) en algunos lugares. En la actualidad, es una capa blanca de roca en el fondo de la Formación de Sharps.

Después de que la ceniza se sedimenta, los ríos a veces inundan la tierra con arena y cieno. Pequeñas cantidades de ceniza se mezclan con otros sedimentos que forman las capas de roca de la Formación de Sharps. Endurecidas por la ceniza, sus capas de piedra arenisca resisten la **erosión.** Los pináculos más altos están compuestos por piedra arenisca. La mayor parte del cerro empinado llamado el Muro también es parte de la Formación de Sharps.

SHARPS: NADA MONÓTONO

TIPO DE ROCA: Toba volcánica, piedra arenisca mezclada con ceniza

APARIENCIA: Capas de colores claros; capa inferior formada por ceniza sólida

SEDIMENTADO: de 23 a 30 millones de años atrás

MEDIO AMBIENTE: Desierto

CLAVES INCREÍBLES: Los paleosuelos de la Formación de Sharps ayudan a revelar qué tan seco era el clima. Contienen evidencia de raíces de plantas desérticas como la artemisa.

DATO CURIOSO: Los castores antiguos cavaban madrigueras con forma de tirabuzón. Las madrigueras se preservaron en ceniza volcánica.

Toba

¿Qué sucedió después de que se sedimentaran las capas de Sharps? Los científicos no lo saben. Los últimos 23 millones de años son un misterio. Las rocas más jóvenes que se formaron sobre la Formación de Sharps se erosionaron por completo.

Fue una gira roquera de bandas de roca. La ley de superposición te ayudó a viajar en el tiempo. Pero dentro de 500,000 años, la erosión habrá eliminado todas estas capas de roca. Entonces, ¿cómo será este lugar? Cualquiera puede imaginarse el futuro.

Badlands puede haberse parecido alguna vez a este desierto volcánico en Argentina.

Compruébalo ¿Qué pueden aprender los geólogos sobre el pasado mediante el estudio de las rocas sedimentarias en Badlands?

LA EXCAVACIÓN

Subhyracodon

Archaeotherium

Mesohippus

Hace treinta y dos millones de años, Badlands, en Dakota del Sur, era una llanura amplia y extensa.

Matorrales bajos y árboles dispersos crecían en tierra llana bajo un cielo pálido. Casi nunca llovía, así que muchos animales sedientos se agrupaban en torno a unos pocos abrevaderos lodosos de aguas termales. El medio ambiente era similar a la sabana africana actual. Pero lo que era extraño era la vida silvestre, no el paisaje.

Algunos animales silvestres eran parientes de los animales actuales. Una primera versión de un caballo tenía la altura de un perro grande. El *Archaeotherium* parecía un cerdo de mandíbula larga, pero era tan grande como una vaca. Manadas de herbívoros llamados oreodontes deambulaban por la sabana como ovejas modernas. Ciervos en miniatura crecían apenas 30 centímetros (12 pulgadas) de alto. Rinocerontes sin cuernos llamados *Subhyracodon* se revolcaban en charcos de lodo. El *Hyaenodon*, del tamaño de un lobo, devoraba a todos.

DEL GRAN CERDO

por Beth Geiger   ilustraciones de Bob Kayganich

Oreodontes

Hyaenodon

Atrapados en el lodo

Es un día típico en la antigua sabana. Grupos de animales sedientos se reúnen en un abrevadero poco profundo. Grupos de plantas parecidas a la hierba crecen en los márgenes lodosos. Un *Subhyracodon* está atrapado en el lodo y no puede liberarse. Como brama por la frustración, los otros animales sienten el peligro y se alejan. Segundos después, un *Hyaenodon* salta en el lomo del *Subhyracodon*. Sus poderosas mandíbulas apretaban con una terrible mordida.

Cientos de animales como el *Subhyracodon* murieron aquí. Sus huesos quedaron destruidos o enterrados en el blando suelo. Por millones de años, los cambios químicos convirtieron algunos de los huesos enterrados en **fósiles**.

El descubrimiento de estos fósiles dio a los **paleontólogos** de Badlands su mayor salto. Un paleontólogo es un científico que estudia la vida prehistórica. Este descubrimiento se hizo conocido como la Excavación del Gran Cerdo.

PARQUE DEL OLIGOCENO

Un estudiante de paleontología usa un pico dental en la Excavación del Gran Cerdo.

Un hallazgo afortunado

En junio de 1993, los visitantes del Parque Nacional Badlands descubrieron una columna vertebral que sobresalía en el suelo. En Badlands, la rápida **erosión** deja los fósiles expuestos con bastante frecuencia. Pero esta columna vertebral era extraordinariamente grande y estaba bien preservada. Al principio, los científicos creyeron que los huesos eran de un *Archaeotherium*, que se parecía a un cerdo grande. Luego, descubrieron que el fósil era de un rinoceronte sin cuernos, pero persistió el nombre "Excavación del Gran Cerdo".

Los científicos estimaron que solo necesitaban cuatro días para excavar los fósiles en la Excavación del Gran Cerdo, pero siguieron encontrando más fósiles. El sitio tenía tantos fósiles que los paleontólogos de la Facultad de Minas y Tecnología de Dakota del Sur pasaron 15 veranos allí. Mientras tanto, la Excavación del Gran Cerdo se convirtió en una atracción principal para miles de visitantes cada año. Hacia 2008, se habían identificado más de 10,000 huesos.

Los paleontólogos desarrollaron una ilustración de la escena de hace 33 millones de años. Los huesos eran del período llamado Oligoceno, cuando los mamíferos dominaban la Tierra.

Instrumentos de la profesión

¿Cómo dejan los paleontólogos al descubierto los fósiles? Cavan lentamente y con cuidado. Usan instrumentos que pueden liberar los fósiles delicados de la roca que los rodea sin dañarlos.

ʌ Los picos dentales son instrumentos magníficos para trabajos que requieren precisión. Con los picos dentales, los paleontólogos pueden socavar la roca de las partes más pequeñas de los fósiles.

> Cepillos blandos remueven el suelo suelto y la roca sin raspar ni rayar los fósiles. Una vez que los fósiles se llevan a un laboratorio, los paleontólogos pueden usar cepillos de aire, que largan un chorro de aire, para terminar el trabajo.

< Las espátulas son magníficas para exponer a los fósiles en material blando como el lodo.

Los paleontólogos descubrieron los huesos de al menos 18 tipos de mamíferos en este abrevadero antiguo. No encontraron huesos de dinosaurios porque los dinosaurios se habían extinguido 32 millones de años antes. Si el Parque Nacional Badlands contiene huesos de dinosaurios, están en las capas de roca más profundas y viejas.

Excavar fósiles es emocionante, pero también es un proceso lento y meticuloso que puede tomar mucho tiempo completar.

Los paleontólogos deben tener cuidado de no romper los fósiles y destruir claves importantes. La mayoría de los fósiles son extremadamente frágiles, por lo tanto, los paleontólogos usan instrumentos diminutos para liberar los fósiles de la roca. Luego registran, rotulan y embalan cada espécimen para su transporte. Este es un trabajo caluroso y polvoriento bajo el sol abrasador de Dakota del Sur.

Por cada hora de trabajo de campo, los paleontólogos pueden pasar otras 12 horas en el laboratorio reparando y estudiando cada fósil que descubren.

A veces, las personas no se dan cuenta de que un fósil puede ser cualquier evidencia preservada de vida antigua, no solo huesos.

Las huellas de los animales, la madera petrificada, las impresiones de hojas y los excrementos de los animales pueden ser fósiles. Los fósiles pueden ser tan grandes como un elefante o tan diminutos como un organismo microscópico.

¿Cómo recrearon los paleontólogos de Badlands la escena de la Excavación del Gran Cerdo? La tafonomía es la rama de la paleontología que investiga las preguntas que pueden ayudar a llenar los espacios vacíos. Por ejemplo, ¿cómo murió el animal?, ¿dónde estaba y qué estaba haciendo?, etc. Como los detectives, los tafonomistas buscan claves en

Los fósiles más grandes se deben proteger para su transporte al laboratorio. Los paleontólogos envuelven los fósiles en una chaqueta de yeso. Mezclan una cierta cantidad de yeso y lo vierten sobre el fósil. El yeso se endurece y forma una cubierta protectora que se quita en el laboratorio.

la posición y la condición de los fósiles para descubrir qué sucedió. Los paleontólogos trabajan con los geólogos, los biólogos y otros científicos para comprender íntegramente la evidencia.

Piezas de un paleo-rompecabezas

Después de 15 veranos estudiando 10,000 especímenes, los científicos creen que el sitio era un abrevadero donde los animales se reunían a beber agua. Algunos animales se convertían en presas; otros quedaban atrapados en el lodo pegajoso.

Los paleontólogos llegaron a esta conclusión después de analizar miles de fósiles y clasificarlos por animal. ¡Era como un rompecabezas de huesos que tomó unos 15 años armar!

Muchos huesos quebrados fueron una clave de que este fue una vez un abrevadero concurrido. "Los huesos mostraron evidencia de pisotones", dice la paleontóloga Rachel Benton. También se encontraron fósiles esparcidos en todas las direcciones. Esa clave les indicó a los investigadores que los animales no habían muerto en un río. De otra manera, las corrientes podrían haber hecho que los huesos yacieran en una posición y una dirección similar.

Las partes blandas de los animales generalmente se descomponen antes de que se fosilicen. Las partes duras, como los huesos y los dientes, son más resistentes. Los dientes son especialmente resistentes y también son pequeños. Es menos probable que se rompan que los huesos más grandes.

Compruébalo   ¿Qué fue poco común o significativo en la Excavación del Gran Cerdo?

Phil Fósil

por Beth Geiger

Cuando vuela en avión, Phil Manning espera que su compañero de asiento sea prehistórico, idealmente un dinosaurio. El deseo de Phil suele cumplirse, ya que lleva **fósiles** de dinosaurios desde el campo hasta el Museo Estadounidense de Historia Natural en Nueva York. Cada verano Phil viaja de Inglaterra a Dakota del Sur. Allí excava animales que vivieron durante el Período Cretácico, hace más de 65 millones de años.

Phil vive para la ciencia, la aventura y la emoción de ser **paleontólogo.** Nos cuenta sobre su vida como cazador de dinosaurios.

NATIONAL GEOGRAPHIC: ¿CÓMO SE INTERESÓ EN LA PALEONTOLOGÍA?

PHIL MANNING: Cuando tenía cinco años, mis padres me llevaron al Museo de Historia Natural de Londres, donde vi por primera vez a los dinosaurios. ¡Quedé enganchado! Comencé

PHILLIP MANNING es un paleontólogo. Excava y estudia fósiles de dinosaurios y otras criaturas extintas. Esto lo ayuda a explorar cómo era la vida hace diez millones de años. El Dr. Manning analiza los fósiles en su laboratorio. Espera descubrir cuál era el aspecto de estas criaturas, cómo se movían e incluso los colores de su piel.

a coleccionar caracoles fósiles en mi patio. Cuando tenía siete años descubrí mi primer hueso fósil. Era un reptil marino de más de 180 millones de años. Todavía tengo ese hueso fósil. Fue mucho más adelante, en la escuela, que descubrí que la paleontología podía ser una profesión de verdad. Todavía me pellizco periódicamente para comprobar que no estoy soñando.

NG: ¿TIENE UN "FÓSIL FAVORITO" O UN HALLAZGO DE LO MÁS EMOCIONANTE?

PHIL MANNING: Casi todos los fósiles que encuentro son preciados. Posiblemente el fósil más importante que se haya descubierto fue el que hizo que se comenzara a querer aprender más sobre la historia de la vida. Sin embargo, si me presionan para que dé una respuesta, mi fósil favorito es el que todavía no descubrimos. Creo que siempre hay algo por ahí que mejorará nuestros conocimientos y comprensión de la vida en la Tierra.

Phil Manning en Badlands, Dakota del Sur

NATIONAL GEOGRAPHIC: ¿CÓMO ES SU TRABAJO EN TERRENO?

PHIL MANNING: Paso tanto tiempo como puedo en una capa de roca de 65 millones de años en Dakota del Sur llamada Formación del Arroyo del Infierno. Allí, mi equipo y yo excavamos abundantes huesos hermosos de dinosaurios. También nos quemamos con el sol, intentamos evitar las serpientes de cascabel locales y los mosquitos nos suelen comer vivos. ¡Pero no cambiaría esto por nada!

Una vez que se deja un fósil al descubierto, aplicamos una "chaqueta" de yeso para proteger el hueso en su viaje de vuelta al museo en Nueva York. Excavamos, enyesamos y transportamos más de una tonelada de huesos fósiles cada verano. Es un trabajo agotador, pero enormemente gratificante para todos los que participamos. El trabajo en terreno depende de la energía y el entusiasmo de un equipo grande de compañeros. Todos trabajan arduamente cada verano para aprender más sobre los dinosaurios, las plantas y otros animales cuyos restos fósiles excavamos de los sedimentos del Arroyo del Infierno.

NG: ¿Qué hace cuando no está en terreno?

PHIL MANNING: ¡Doy diversos cursos para convencer a los estudiantes universitarios de que la paleontología es espectacular! También intento hacerme tiempo para estudiar los fósiles en el laboratorio.

Phil mide un hueso fósil de un *Tyrannosaurio rex*.

Mi equipo y yo solemos usar la tecnología más reciente como ayuda para desentrañar los secretos más íntimos que esconden los fósiles. Incluso nos hacemos tiempo para trabajar con potentes máquinas de rayos X que ayudan a determinar el color de la piel y los patrones de los animales que hace mucho que están extintos. Nuestro equipo espera que con el tiempo descubramos todo el espectro de colores de piel de la vida en el pasado. ¡Todavía trabajamos en eso!

NG: **¿Cómo se aplica la paleontología al mundo moderno?**

PHIL MANNING: El registro fósil brinda conocimientos profundos de los procesos y los patrones de vida, como los cambios climáticos y los sucesos de extinción. Nos puede ayudar a comprender mejor sucesos similares que impactan la vida de la Tierra en la actualidad. El pasado tiene el potencial de desbloquear nuestra comprensión del futuro.

NG: **¿Qué preguntas espera responder en su trabajo futuro?**

PHIL MANNING: El trabajo que estamos haciendo hoy en día, sobre cómo se preservan los fósiles desde épocas remotas, es uno de los trabajos más emocionantes en los que he participado durante toda mi carrera. Estamos comenzando a comprender las vías químicas que dan origen a los fósiles. Mi equipo y yo también queremos explorar y responder nuevas preguntas que no se han hecho antes, pues ahí suele yacer la verdadera pasión de la ciencia.

Compruébalo ¿Qué información pueden aprender los paleontólogos de los fósiles?

Comenta

1. Explica cómo crees que se relacionan las cuatro lecturas de *Badlands desaparece*.

2. ¿Cuáles crees que son las conexiones entre el título de este libro y los accidentes geográficos poco comunes en "Canalones, montículos y chimeneas de hadas"?

3. Elige una de las capas sedimentarias que se nombran en "Una gira roquera a través del tiempo". Usa la información del texto para explicar por qué brinda un buen modelo de cómo se forma algún tipo de roca sedimentaria.

4. Explica cómo los científicos de la Excavación del Gran Cerdo estudiaron los fósiles para aprender sobre el medio ambiente en el pasado. Compara y contrasta sus métodos con los de Phil Manning.

5. ¿Qué preguntas sigues teniendo sobre el Badlands o la paleontología? ¿Cuáles serían buenas maneras de saber más?